Poesie della Spiaggia

Juan Moisés de la Serna

Tradotto da Andreaceleste Brilli

Casa Editrice Tektime

2021

Titolo Originale "Poemas de la Playa"

Scritto da Juan Moisés de la Serna

Tradotto da Andreaceleste Brilli

1ª edizione: aprile2021

© Juan Moisés de la Serna, 2021

© Edizioni Tektime, 2021

Tutti i diritti riservati

Distribuito da Tektime

https://www.traduzionelibri.it

PROLOGO

Siamo di nuovo qui
in questo paradiso meraviglioso
le persone giungono da lì
per sfruttarlo in modo goloso.

Sole e grande tranquillità
l'acqua delle sue spiagge più cristalline guardar
si vive con felicità
procura tristezza quando si devono lasciar.

Oggi è festa e vivere
l'allegria che ho
andiamo a condividere
per questo qui sto.

AMORE

Dedicato ai miei genitori

Indice

1. SIAMO DI NUOVO QUI

Siamo di nuovo qui
in questo paradiso meraviglioso
le persone giungono da lì
per sfruttarlo in modo goloso.

Sole e grande tranquillità
l'acqua delle sue spiagge più cristalline guardar
si vive con felicità
procura tristezza quando si devono lasciar.

Oggi è festa e vivere
l'allegria che ho
la voglio condividere
per questo qui sto.

è positivo beneficiar
di un po' di sana felicità
ma qualcosa devi lasciar
alla tua dolce metà.

Se saremo egoisti durante la vita
e da soli cammineremo
al raggiungimento della salita
tutti tristi saremo.

Condividere è positivo
questo si sa
che si tratti di raccogliere i fiori
o andar a vedere i tori.

Una danza che devi ballare
in questa vita ogni giorno
se con un partner ballerai
più semplice lo troverai.

Verso la spiaggia ti dirigerai
a prendere il sole che fa bene
ma se con qualcuno questa esperienza condividerai
molto meglio te la vivrai.

È sempre triste la solitudine
di fronte a qualsiasi emblema
se lo condividi con qualcuno
si risolve il problema.

L'egoismo si sviluppa
quando qualcuno da solo sta
il problema risulta
più grande di quanto sia in realtà.

Condividi la tua allegria
rendi felice così la gente
vale anche per te, vedrai
diverso ti sentirai.

Se alla festa sei venuto
per divertirti
l'idea che hai avuto
condividila anche lì.

Oggi siamo tutti qui
sfrutteremo
e le bellezze del mondo vedremo
tutti felici saremo.

Non dobbiamo bere troppo
e non mangiare altrettanto
sfruttiamo tutti insieme
saremo felici così.

Ci sono problemi nella vita
che ti affossano
mettendo un pizzico di allegria
troverai una soluzione.

L'amarezza ci fa affondare
in un pozzo senza uscita
ci fa soffrire molto
e ci distrugge la vita.

Questo oggi non desidero
farvi ascoltare
siate felici vi prego
e vedrete molta gioia.

È facile raggiungere
man mano che lavori
credici veramente
e potrai ottenerlo.

Se ti vesti di allegria
vedrai già come la gente
si farà influenzare
perché ti guarda con occhi diversi.

Hai guardato il tuo bel viso
fagli già un gran sorriso
e in un momento ti si toglie
quella forma di sofferenza.

Il tuo viso s'illumina
l'età non conta più
se sorridi e cammini
ciò ti dona felicità.

A questa festa sei venuto
a divertirti un mondo
con il tuo vestito sei uscito
con felicità.

Cammina sempre nella vita
con il sorriso in bocca
vedrai durante la partita
non è un aiuto da poco.

Tutti noi dobbiamo fare
qualche lavoro qui
niente dovrai perdere
se la vivrai così.

Questa vita terrena
che oggi abbiamo qui
è possibile migliorare
se lo vogliamo così.

Dobbiamo fare
uno sforzo quotidiano
che al momento della partenza
le nostre situazioni son diverse.

Aiuta i tuoi fratelli
condividi tutto con loro
camminiamo mano nella mano
è la cosa migliore del mondo.

Sii felice oggi e domani
condividi questa gioia
vedi è una cosa molto sana
e vivi in compagnia.

Andiamo avanti per questa vita
sempre facendo del bene
quella sarà la partita
che giocheremo.

Oggi la crisi è al primo posto
non è più possibile evitarla
ma se siamo felici
la supereremo nel modo migliore.

Osserviamo i bambini
quanto sono felici
non ha importanza cosa gli succeda
loro giocano un sacco.

Si riuniscono
senza dar peso all'aspetto
o come hanno i capelli
tanto meno il loro colore.

Forse nemmeno la lingua
importa se sia la sessa
ma riescono a comunicare bene
è questo il punto.

Ciò che conta è che giocano
e lo sanno fare bene
convivono con gioia
questo lo puoi vedere.

Prendendoli come esempio
possiamo aiutarci
conviviamo sempre insieme
questo ci darà pace.

La pace ci renderà felici
e potremmo convivere
e tutto ciò che realizzeremo
potremmo portarlo a termine senza problemi.

Non importerà dove vivrai
in montagna o in pianura
con chiunque conviva
ne sarai compiaciuto.

Sarete felici così
la vostra vita cambierà
per sempre e ogni giorno
la pace vi circonderà.

Siate sempre in pace
camminate così lungo la vita
il vostro ambiente circostante sarà migliore
per tutto c'è una via d'uscita.

AMORE

2. QUESTA TERRA È STATA SCELTA

Questa Terra è stata scelta
per donare maggior piacere
rendere più semplice
e felice la vita.

Tutti pensiamo che sia così
e vogliamo sfruttarne il più possibile
di questo sole e questa calma
che qui si può trovare.

I rumori di sottofondo
come la brezza marina
e le acque che la bagnano
ci invitano a sognare.

Lascia che ti entri dentro
il suo odore, questo aroma
che ti impregni tutto
e lentamente ti ricopra.

Quella brezza mattutina
che invita a passeggiare
e percorrere quasi tutta
la spiaggia del mare.

La mattina presto
un po' solitario
tu pensi mentre ti lavi
che sei il proprietario.

L'acqua ti bagna i piedi
con quell'onda divertente
e tu senti
una carezza spumeggiante.

La sua mattina fresca
e il suo odore penetrante
ti fanno sentire il primo
che l'hai scoperto all'istante.

Pensi che nessuno l'abbia visto mai
quel mare con le sue onde
e che nessuno abbia scoperto mai
la bellezza che nasconde.

Quando guardi la spiaggia
quel blu dell'onda
una pace profonda
e la cui brezza si assaggia.

Stai già cercando con un solo sguardo
di capire cosa si nasconde sul fondo
ma non trovi nulla
nonostante contenga molta vita.

Quel granchio che corre
e si nasconde nella sabbia
ti fa così ricordare
che è piena di vita.

Non riesci ancora a vedere
la vita presente nel mare
quando vorrai capirla
alzati e mettiti a guardare.

Lì c'è il gabbiano
che sta solcando il vasto mare
guardandoti dal cielo
invitandoti a sognare.

Quel pesce così piccolo
che gioca qui
un po' tra i tuoi piedi
e ti fa sorridere.

Ti invita a seguirlo
ad immergerti con lui
e che tu gli racconti
che sarai anche suo amico.

Ci hai mai pensato
qualche volta
di immergerti fino in fondo
e scoprire il motivo?

Dove il mare e la sua tana
ci riempie di ammirazione
tutto è bello in quella vita
troviamo la spiegazione.

In fondo al mare
la vita è più bella
l'armonia e il canto
e ha persino una stella.

Convive lo squalo
con la dolce sardina
la balena se ne va in giro
e la foca ti grida:

— Vieni con me a giocare
salteremo fino a qui
giocheremo nel mare
seguiremo i delfini.

E quando scende la sera
vedremo il gamberetto
correre a riposarsi
nascosto nel suo angoletto.

Osservalo all'imbrunirsi
lo vedrai cambiar
di altri colori vestirsi
si prepara ad amar.

La luna sta aspettando
che cominci a far buio
già la notte sta arrivando
tutti si addormenteranno.

Ti racconto una cosa
che ti divertirà
ci fu una farfalla
che passava di qua.

Tranquilla svolazzava
e all'improvviso saltò
un pesce che decollando
sopra le onde volò.

La piccola farfalla
si mise a seguirlo
e quasi perse la vita
tentando di imitarlo.

Il pesce di testa si tuffò
per rientrare in acqua
e la farfalla rallentò
quando stava per bagnarsi.

Il delfino che assistette
le disse: —Non sei di qui
se ti bagni
presto morirai.

La piccola farfalla
ha ringraziato e via volò
su una rosa si posò
che nel giardino vicino trovò.

Vicino tra alcuni fiori
c'erano altre farfalle
di mille colori
che giocavano scialle.

La piccola farfalla
a loro si unì
giocando vicinissimo
a quel gruppetto lì.

Così si divertirono
tutto il giorno volando
nel giardino giocando
e melodie cantando.

Se vuoi sentirle
attentamente devi guardarle
vedrai svolazzare
e questa canzone intonare.

—Farfalla mi hanno creato
perché io sia felice
da sempre ho ballato
e per te ho cantato.

»Oggi volo con gioia
è quello che devo fare
e canto questa melodia
con molto piacere.

Se questo ti è piaciuto
un po' di più mi hai conosciuto
ciò che per te ho narrato
spero che non ti ho annoiato.

AMORE

3. SOLE SPLENDENTE

Sole splendente che oggi brilla
e che ci dona allegria
guardiamo la meraviglia
della natura.

Si nota da qualsiasi lato
quando la osservi
il bello che c'è qui
in questa Terra.

La natura è una canzone
che devi saper ascoltare
è il fiume e il suo fascino
con le sue acque che salgono e scendono.

L'acqua che viene e va
nel suo tragitto
trasporta la vita
fino a destinazione.

Da questo fiume che qui
sfocia nel mare
la vita
si riunisce per la destinazione.

Quel canale così grande
che forse si confonde
è acqua dolce o salata
tu non lo saprai.

Il mare che accoglie tutto
abbraccia queste acque
e insieme in questo modo
se ne andranno da qui.

AMORE

4. SPIAGGIA DESERTA E MATTINIERA

Spiaggia deserta e mattiniera
brezza e odore di libertà.

Se potessi farlo
passerei la vita seduta qua.

Acqua increspata dalla brezza
in fondo a te la vita c'è.

Guardandoti riesco con gioia ad avvertire
la presenza dei pesci.

Quando mi avvicino alla riva
tu ti avvicini a baciarmi i piedi.

Sento dentro di me la meraviglia
della tua piacevole accoglienza.

Belle nuvole ti guardano
e il loro cotone brilla.

Cambiano forma e si allungano
e coprono l'orizzonte.

Il sole sta sorgendo, il giorno inizia
il re ha già preso il comando.

La notte finisce e comincia
un nuovo giorno, goditelo

La luna ancora il suo splendore ha
e in lontananza guardando va.

Contemplando e rimirando tutto lo splendore
la vita intera sta qui.

Guarda l'ambiente e pensa
che si mostra a te.

Fai piano con quel bagliore
è la nostra vita che è così.

Ora la natura si prende cura di te
ti dona la sua brezza fresca.

Gode in silenzio e nell'aurora
a quest'ora si vive meglio.

E questa sabbia che stai calpestando
che ti accarezza ad ogni passo.

La tua mente sta guardando
e nel suo grembo ti sta accogliendo.

Spiaggia che accogli tra la tua sabbia
vite diverse tra le tue braccia.

Tante con dolore arriveranno
e all'istante si toglieranno.

Qui si fanno giochi per bambini
in cui è possibile trovare la spensieratezza.

È qui che nasce la vita
venite tutti a divertirvi.

E i problemi che dietro ti porterai
saranno già risolti vedrai.

Il dolore con la gioia scambierai
la felicità troverai, vieni e vedrai.

La vita ha molti momenti
che in questo modo potrai trasformar.

Cerca il momento giusto per l'incontro
e la tua esistenza migliore sarà.

AMORE

5. L'ACQUA DI QUESTA SPIAGGIA

L'acqua di questa spiaggia
che oggi bagna il mio corpo
mi ricorderò quando me ne andrò
sentendola da vicino.

Acqua che mi accogli
e che il caldo mi togli
entri e bagni meglio
tutto il mio cuore.

È l'acqua della spiaggia
è il sole che già splende
è questa sabbia pulita
che mi dona libertà.

Libertà nell'acqua
mi posso muovere serenamente
nuoto se riesco
per un metro, forse cento.

Posso muovermi così
come se fossi un pesce
nuotare e affondare di nuovo
e poi fuggire via fluttuando.

Acqua con il tuo sussurro
mi accarezzi e mi coccoli
con te non mi annoio mai
circondata dai tuoi pesci.

Sole che arrostisci la mia pelle
e che mi doni il tuo calore
sai che ti sono fedele
quando esci non ci sono lamentele.

Spiaggia di grandi dimensioni
che bagna il vasto mare
sta in questo angolo
te ne vai per baciarlo.

Il mare che ti si avvicina
e con la sua brezza ti copre
dona vita con i suoi pesci
si prende cura di te.

Tu che sei venuto fin qui
che questo non conoscevi
goditelo, con te hai portato
gioia e allegria.

Oggi gioca come un bambino
tira fuori il dolore
fatti una doccia e sii felice
giocando con questa sabbia.

Quando la senti così
sotto quei piedi
scatena qualcosa in te
che si manifesta anche in seguito.

Una sensazione molto positiva
che ti dona piacere
il contatto con la sabbia
i suoi baci sulla tua pelle.

AMORE

6. IL MOMENTO DELL'ADDIO

Il momento dell'addio
alla fine arrivò
come ogni cosa in questa vita
anche questo terminò.

Così il giorno se n'è andato
la partita è terminata
velocemente il tempo è passato
devo continuare con la mia vita.

Partirò come sono arrivata
con un grande aereo
solcando le nubi
verso la mia nazione.

Queste terre che ospitano
molti turisti
che vengono qui a riposarsi
con il suo sole che sa di miele.

Con le sue spiagge bianche
che invogliano a passeggiar
e la sua gente tanto allegra
che ha sempre voglia di ballar.

L'acqua di questo mare
calda e trasparente
troverai quando arriverai
vedrai, è differente.

Questa terra e questo sole
che qui incontrerai
ti accoglieranno con amore
quando le raggiungerai.

Un giorno molto lontano
arrivai per la prima volta
il posto mi ha stregato
ti avviso, sembra un film.

Le palme che stanno qui
ti invitano a sognar
se sali fino lì
potrai il cielo toccar.

I suoi rami delicati
dritti e slanciati
sembrano fare la guardia
guardando da ogni lato.

C'è anche il pavone
con i suoi colori magnifici
e nel giardino vedrai
una miriade di fiori tipici.

Da ogni lato il verde
che ti accarezzerà i piedi
se cammini senti freschezza
che ebrezza!.

Passeggiare da solo
lungo la spiaggia deserta
è un piacere quotidiano
che può darti molto.

Vedi le onde
che si infrangono lentamente sulla sabbia
ti accarezzano i piedi
e lavano i tuoi dolori.

Se vuoi
vieni a provare
ti dico dove si trova
dall'altra sponde del mare.

Un'isola è un luogo
dove arrivò un uomo
attraversando il vasto mare
da una terra lontana.

Non sapeva dove fosse
alla deriva veniva
molto forte si aggrappava
e l'acqua lo trasportava.

Trasportato dalle onde
la barca così fluttuava
la corrente che c'era
fino a questa costa lo portava.

Era un abissino è vero
che per primo arrivò
non c'era un porto né altra gente
quando questa spiaggia calpestò.

Fu il primo abitante
che ebbe questa terra
e da quell'istante
fu abitata senza guerra.

Sono passati molte ere
da ciò che ti racconto
ma se vuoi saperlo
continua a leggere.

Gli abissini erano una popolazione
trasportata in Andalusia
lì erano numerosi
stavano lavorando per l'Atlante.

Erano tenuti come schiavi
erano agricoltori
lavoravano nei campi
per volere dei signori.

Vicino al Guadalquivir
essi vivevano
e da lì
sarebbero arrivati sin qui.

Subito dopo il primo
giunsero anche gli altri
costruirono una comunità
grande come una città.

In questi campi vivevano
nella spiaggia si lavavano
quando furono troppi
verso le montagne si spostarono.

Tutto il terreno riempirono
di abitanti
vissero così per molti secoli
tranquillamente.

La loro vita era semplice
stavano in mezzo alla natura
che gli donava il sostentamento
di cui avevano bisogno.

Passarono così
molto tempo convivendo
poi vennero da lì
la vita stavano continuando.

Si mischiarono così
ma oggi è possibile vedere
nei colori si distinguono
questo è il loro modo di procedere.

La loro pelle scura lo dice

vengono da un'altra Nazione

qui io te lo dico

il primo così arrivò.

AMORE

7. STO GUARDANDO LE ONDE

Sto guardando le onde
che alla spiaggia si avvicinano
arrivano e non stanno sole
vengono tutte alla festa.

Stanno giocando lentamente
a vedere chi arriva per prima
da una parte che ti prendo
dall'altra gira intorno.

Magari restare qui
ore a contemplare
queste onde che giocano
e che presto se ne vanno.

Ora che arriva la grande
che può far tutto
corri altrimenti ti prende
non ti è permesso retrocedere.

Ti bagnerà i vestiti
perché tu non ti sei tolto
lei ti ha avvisato
—Arrivo! —ti ha urlato.

La spiaggia è tutta sua
devi saperlo bene
se te la lascia un po'
ricordati di chi è.

È la spiaggia di mattina
quando il sole non è uscito
a quest'ora presto
mi è sembrata un'oasi.

Più tardi esce il sole
viene a baciare la spiaggia
a donarle calore
e a condividere i suoi dolori.

Sì la spiaggia prova dolore
nessun bambino sta più giocando
la scuola è già iniziata
l'estate sta finendo.

Ero abituata
alle loro risate e ai loro giochi
lei sempre li viziava
e li teneva d'occhio.

Cercava di essere morbida
nel caso in cui essi sarebbero caduti
e di restare pulita
luccicante.

Di mattina presto
venivano a giocare
costruivano castelli
in riva al mare.

L'acqua li distruggeva
a ricominciare li costringeva
così si divertivano
fino all'ora di pranzare.

La mamma aveva portato
panini e provolone
e loro dopo il bagno
li finirono in un solo boccone.

La mamma gli dice: —Non correte
altrimenti vi soffocherete.
Loro con la bocca piena
rispondono: —Non succederà.

Mangiano come una diga
la mamma ben organizzata
che il cesto si era portata
pieno fino in cima.

E non ci crederete
persino la frutta si è portata
all'ora di pranzo
sulla spiaggia si son già stufati.

Dopo aver giocato a lungo
la fame li colpì
dovevano colmare
il gran buco che si formò.

C'era quel povero bambino
con lo stomaco vuoto
aveva tanta fame
e si mangiò tutto.

La mamma sapendo
che sono così
gli porta ciò che più gli piace
e se lo mangia fino alla fine.

Continuano a giocare tranquillamente

sotto l'ombrellone

gli hanno detto che il sole

è dannoso quando picchia forte.

Loro che sono obbedienti

giocando cadono a terra

accade in un momento

alla stanchezza han ceduto.

Se ne stanno lì riuniti

non si sente alcun rumore

guardali sugli asciugamani

che bei dormiglioni!

AMORE

8. SULLA RIVA DEL MARE

Sulla riva del mare
passeggiavo
era vero anche se
di sognare pensavo.

In un Paese in lontananza
ero in vacanza
in acqua ogni giorno
molto presto mi immergevo.

Calda come era
ti invitava a nuotare
trasparente e limpida
quello significava sognare.

Il tempo scorre velocemente
quando si sta bene
ma rallenta anche un po'
soggettivamente.

L'estate è già trascorsa
molto velocemente
tutto è successo
e a casa tornai.

Son ricordi di un soggiorno
che non potrò dimenticare
e che di certo ripeto
andando allo stesso mare.

Per le sue acque e il suo cielo
per la sua gente e il suo canto
mi piacque e per questo dico
che fu un posto d'incanto.

Se tu hai un po'
di tempo libero
raggiungi quel luogo
sicuramente ti piacerà.

Ho trascorso una bella giornata
riposandomi
con il mare e il sole
e il cibo delizioso.

I giorni che trascorremmo lì
erano tranquilli
pieni di gioia
e potevamo dormire bene.

Tornammo molto cambiati
da come eravamo lì
abbronzati e stanchi
per lavorare qui.

L'estate se ne va
mi piacerebbe ripartire
per questo viaggio da sogno
che vissi realmente.

Ho visto lungo la spiaggia
la delicata farfalla
che volava lì intorno
in cerca di una rosa.

Vidi correre sulla sabbia
il granchio in cerca di un nascondiglio
accuratamente ma velocemente
e riuscì ad entrarci.

Ci sono cose in questa vita
che non siamo in grado di vedere
ci perdiamo le meraviglie
che ci circondano.

Hai guardato sulla riva
quando arriva il mare
è una vera meraviglia
quest'onda che viene e va.

Con il suo ritmo una canzone
canta alla sabbia
che arriva fino al cuore
e che allevia le pene.

—Sabbia io ti bagno
con la massima cura
e come tutto l'anno
arrivo e presto me ne vado.

Se ti fermi ad ascoltare
la natura parla
lascia tutto per ora
e vai a contemplarla.

Ciò che passa di qua
e che non hai voluto vedere
è un uccello dorato
che ti sei appena perso.

Quello che abbiamo qui
è un gioiello da sogno
è la natura vivente
e il Creatore è il suo padrone.

Prenditi cura dell'ambiente
non rovinare o maltrattare
mai togliere la vita
ad altri esseri viventi.

Ci hanno creato liberi, si
non dobbiamo mai dimenticarlo
e per poter continuare così
fai del bene senza pensarci.

Se ti ci abitui
senza accorgertene lo farai
e senza pensare lo vedrai
tutto il bene che hai fatto.

Un pomeriggio soleggiato
che ti invoglia ad uscire
passeggia un po' coperta
per sicurezza.

Il sole che abbiamo ora
si sta espandendo
più scuri diventiamo
ma ci potremmo bruciare.

Nelle ore più calde
copriti bene
perché anche solo il suo calore
ti potrebbe far male.

Per questo è meglio
se ti svegli presto
e anche se è ancora fresco
puoi metterti a prenderlo.

Il sole è buono lo sai
rigenera i tessuti
ci rende più morbidi
e acuisce i sensi.

Quando c'è il sole ci piace
sorridere e cantare
esprimendo grande felicità
da tutti i pori.
AMORE

9. UN GIORNO LONTANO

Un giorno lontano

sulla spiaggia

mi sedetti sull'amaca

e iniziai a raccontare.

Nel momento di farlo

attenzione non gli prestavo

né a guardarlo mi fermavo

ma qui è stato scritto qualcosa.

Erano cose molto belle

quelle che si mettevano lì

lascio che tu lo scopra

puoi dirmi no o si.

Di una grande balena

mi hanno raccontato la storia

era grande

come una mongolfiera.

Era ancora giovane

quando è passata di qui

e già da questa spiaggia

non era in grado di uscire.

Non voleva andare via
da queste acque trasparenti
non poteva lasciare
questo posto senza altri espedienti.

Sua madre che era passata di qui
qualche giorno prima
nuotando dall'altra parte
la depistò, fu così.

La piccola balena
non sapendo che fare
si riposò sulla spiaggia
e si lasciò vedere.

Tutti coloro che la osservavano
scorsero il suo dolore
gli gettarono l'acqua sul dorso
per evitare di farla morire.

La spinsero nel mare
lei non voleva andare
le dicevano: —Torna nel tuo ambiente.
Lei si sentiva triste.

Aveva perso la sua mamma
adesso cosa avrebbe fatto?
se da quando è nata
non sapeva muoversi da sola.

Non sapeva neanche come mangiare
tutta sola
morirebbe di sicuro
non si poteva fare nulla.

Un bambino sulla spiaggia
vide ciò che stava accadendo
e riuscì a sentire il dolore
che stava provando quella balena.

— È che è rimasta sola!
—si alzò per urlare
e un signore che lo sentì
si avvicinò a domandare.

—Ragazzo perché dici questo?
si potrebbe essere vero
ma tu come lo sai?
—chiese il signore.

Il bambino subito ha risposto:
—È successo anche a me
un giorno ero con mia madre
in un luogo un po' nascosto.

»Eravamo andati a fare compere
ma mi ha lasciato solo
e non riuscivo a trovarla
così rimasi molto triste.

»Anche se era pieno di gente
mi sentivo solo
era tutto diverso
quando stavo con mia madre.

»Lei mi dava la mano
e tanta sicurezza
ma quando lei non c'era
ero un po' spaventato.

»Mi resi immediatamente conto
di essere rimasto solo
non la vedevo
e la chiamavo gridando.

»Così ho trascorso molto tempo
fino a che non ho visto la mamma
un signora l'ha ritrovata
e gliene sono molto grato.

»La stessa cosa è accaduta alla balena
per quanto grande possa essere
si è ritrovata senza la madre
e sarà felice solo quando la rivedrà.

L'uomo pensò ad una soluzione
e si mise a costruire
un tubo spezzato a metà
per lasciare uscire la balena.

Lo legarono su una barca
e si misero in mare
alzarono la musica
così da attirare sua madre.

Prima avevano registrato
le urla della piccola balena
e grazie ad un megafono
si potevano sentire chiaramente.

Da lontano la balena
queste grida ascoltò
e nuotando come una sirena
rapidamente arrivò.

Vedendo la sua piccola insieme agli uomini
di colpo si spaventò
e rimase immobile
ma molto presto capì.

Vide che la slegavano
e la esortavano ad andare
così sua figlia si avvicinava
libera insieme a lei alla fine.

Gli uomini erano felici
ce l'avevano fatta
le due balene si erano ritrovate
la piccolina non si era persa.

Il piccolo eroe era già
in quella spiaggia
e quando diventò grande
dipinse balene.

Non si dimenticò questa storia
grazie a ciò che aveva raccontato
la vita le aveva salvato
alla piccola balena viaggiatrice.

Dipinse tante balene
che finalmente un giorno espose
e piacquero tanto a tutti
fu pieno di gioia.

La balena di questa storia
nuota ancora in queste acque
se la vedrai lì
ricorderà i suoi rimpianti.

Non voleva restare sola
era ciò che più la spaventava
saltare tra le onde con sua madre
le era sempre piaciuto.

Questo racconto qui
può farti molto pensare
bada che ai tuoi figli
non debba mai accadergli.

La sicurezza che si ha
quando si sta con i genitori
la perdi in un istante
e diventi triste

Da solo sei indifeso
non capisci cosa è successo
i suoi genitori amati
soli li hanno lasciati.

I bambini hanno bisogno di noi
dobbiamo prendercene cura
nelle loro menti
ci sono idee che si devono ancora formare.

Doniamo loro tutto l'affetto
e le nostre attenzioni
pensiamo di più ai bambini
dentro il nostro cuore.

AMORE

10. IL SOLE UNA MATTINA

Il sole una mattina
raggiungeva la spiaggia
illuminando la sabbia
e io stavo sull'asciugamano.

Lo sentì insonnolita
qualcosa giungeva alle mie orecchie
cercai di scorgere chi passava
chi tentava di parlarmi.

Gli ho detto: —Ascolto tutto
ciò che hai intenzione di dirmi
sono certo che c'è un modo
per poterlo scrivere.

Così sarà più sicuro
che non perda la storia
che il sole un giorno raccontò
imprimendola nella mia memoria.

Mi disse: —Sto per raccontarti
cose dell'altro mondo
ciò che ti racconterò
a stento crederai sia vero.

»Ero proprio dove mi trovo adesso
nessuno mi ha spostato da qui
era un tempo molto lontano
la Terra qui arrivò.

»C'erano molti temporali
l'energia era molto forte
e a farmi compagnia
apparì.

»Era la Terra
ancora piccola arrivò
quanto era bella
mi piacque sin dal primo istante.

»Trascorse molto tempo così
era molto sola
e io la vidi in questo modo
correndo le dissi: —ciao.

Essa rispose: —Chi è che mi sta parlando?
Io educatamente risposi:
—Sono colui che ti dona la luce
e che un giorno ti ha accettato.

»Con il mio calore
mi prendo cura di te
e se mi darai modo
ti donerò molta vita.

»Da te cresceranno le rose
le tuberose e i garofani
e succederanno un sacco di cose
sicuramente sopra di te.

»Lei che mi ascoltava
sottovoce mi rispose:
—Grazie —mi faceva piacere
e mi cantò questa canzone.

—Sole prezioso che illumini
il mio moto tutti i giorni
so quanto sia importante il tuo lavoro
perché ci doni l'energia.

»Permettimi di dirti
che apprezzo il tuo calore
e che da quando sorgi
si vive molto meglio.

Il sole rimase incantato
della dolce vocina
che aveva ascoltato
dalla sua bella boccuccia.

Le disse: —Ti porterò
qualcosa che ti piacerà.
E non trascorse molto tempo
da quando se ne andò.

Un meteorite di ghiaccio
che stava per scontrarsi
e in esso racchiudeva
l'acqua del vasto mare.

Che la vita che racchiude
per sempre qui starà
per questo la Terra
gli è molto grata.

Al sole già ringrazia
per la vita qui intorno
senza di lei da solo stava
e ascolta il suo canto:

—Grazie grande sole per la tua luce
e anche per il tuo calore
tu mi doni la vita
e qui si vive molto bene.

Questo un giorno mi raccontò
il sole sulla spiaggia
mentre mi stavo abbronzando
e già diventai scura.

Lui mi raccontava la storia
e mentre la scrivevo
mi meravigliavo della memoria
buona che egli aveva.

Continuo a raccontarti
ciò che il sole mi suggerì
mentre mi stava parlando:
—Scrivitelo.

»Una notte quando al mio posto
c'era la luna piena
un granchio stava passeggiando
lentamente sulla sabbia.

»Era un po' giù di morale
perché era solo
stava camminando lungo la spiaggia
come era solito.

»Non voleva più nuotare
era uscito dall'acqua
stava andando a cercare
compagnia.

»Si addentrò nella sabbia
si perse tra le dune
piangeva e faceva pena
aveva le zampe intrappolate.

»Guardò il cielo
vide la grande luna
e disse: —Abbi pietà di me
e lasciami andare.

»La luna si lasciò convincere
e gli diete un dono
"vai al contrario potrebbe aiutarti"
e così egli si poté liberare.

»Il granchio se ne andò
dopo essersi liberato
da allora si mosse
sempre in questo modo.

»La luna divertita
si mise a ridere
e qui termina la storia
di un granchietto felice.

»Che ritornò in mare
a vivere tra i suoi
smettendo così di cercare
altri problemi.

»La luna che lo aiutò
da quel momento divenne sua amica
e quando c'è la luna piena
esce sulla spiaggia vuota.

»Chiacchierano come due amici
si raccontano tutte le loro cose
e si mettono a ridere quindi ti dico
l'amicizia è molto bella.

Se hai un amico al tuo fianco

non sarai mai solo

anche se incontrerai altra gente

solo di lui ti fiderai.

AMORE

11. MI DISSE IL SOLE QUEL GIORNO

Mi disse il sole quel giorno
quando prontamente mi vide
sempre donandomi allegria
vita e calore.

Ma l'uomo si è impegnato
a rovinare tutto
persino il clima ha cambiato
modificando l'ambiente.

Rubano il letto a un fiume
contaminano il mare
le montagne sono tutte bruciate
poiché gli serve spazio per abitare.

Uccidono mille animali
eliminando specie
i pesci e il delfino
distruggono per mangiarli.

Non hanno paura di uccidere
o di ferire i loro fratelli
credono di poter comandare
e che sia giusto così.

Dicono: —Andrà meglio
e iniettano altre vite
nell'uomo e nei vegetali
modificando tutto.

Non capiscono che non possono
prendersi gioco di ciò
la natura ha delle regole
molto precise.

Devi rispettarle bene
tutto così funzionerà
quando vengono distrutti a centinaia
andrà tutto a rotoli.

Sono qui da secoli
osservando chi passa
sono pochi secondi
in cui lasciano questa casa.

Si comportano come fossero i padroni
rovinando tutto l'ambiente
e mio malgrado
mi si spezza il cuore.

Tagliano le palme
modificano le rocce
quella collina così bella
tolgono persino la sabbia.

Distruggono ogni cosa
modificandola a loro piacimento
senza rendersene conto
di gettare via tutto.

È codardo per una condizione
manda l'altro a fare
il lavoro di pedina
a cui non si abbassa.

—Sole che mi racconti
queste belle storie
ti ascolto con attenzione
e le metto qui per iscritto.

»Sono come un orazione
si leggono velocemente
e mi piacciono molto
le lascio scritte qui.

—È ora che me ne vada
ma voglio ancora raccontarti
qualcosa che spero scriverai
e metterai nel suo posto.

»Quella coppia che è venuta
navigando lungo il mare
è rimasta qui
non se ne sono andati.

»I genitori di questa nazione
sono andati già via
hanno creato tutto qui
vivendo in libertà.

»Lui come ti ho già detto
era stato schiavo
se ne andò molto triste
per come lo avevano trattato.

»Si ripromise d'ora in poi
di non obbedire più
al crudele Atlante
che aveva lì.

»Si, ho toccato un tema
che forse ti ha sorpreso
quest'uomo di cui ti parlo
dagli Atlanti è fuggito.

»In quelle terre lontane
che oggi si chiamano Spagna
vissero schiavi e schiave
sottoposti alle verghe.

»Dai suoi padroni
ricevevano botte senza sosta
se non lavoravano
fino a togliergli la vita.

»Ma fuggì in mare
in cerca di una vita migliore
fu esposto alla morte
il mare lontano lo portò.

»Ha sempre detto bene
che l'uomo è libero
che non è un insetto
e non deve avere catene.

»La vita è bella

se vissuta in libertà

che tutti siamo uguali

e gli altri non dobbiamo comandare.

AMORE

12. IL POMERIGGIO ERA PASSATO

Il pomeriggio era passato
il sole doveva andarsene
ma aveva ancora qualcosa
che desiderava dirmi.

—Non è vero che io cerco
di far male alle persone
svolgo solo bene il mio lavoro
è diverso.

»Adesso inizio un ciclo
naturale nel mio sviluppo
devo espandermi
per questo i miei raggi sono più ardenti.

»Sono come tutti voi
un essere vivente è così
e quando cresco emano
calore e forza.

»È il mio modo
di crescere e diventar grande
mi gonfio e rilascio energia
quando la massa si espande.

»Gas dentro di me contengo
accumulati qui
devo rilasciarli con un esplosione
il mio lavoro è così.

»Non desidero recar danno
né causare dolore
è il mio destino
produrre molto calore.

»Se non fosse così è certo
non ci sarebbe vita qui
forse un clima incerto
di freddo la ricoprirà.

»Io devo anche occuparmi
di non danneggiare l'ambiente
ma è arrivato il momento
di andarmene al più presto.

»La prossima volta che verrai
in questa piccola spiaggia a riposar
ti aspetto con il tuo quaderno
ho un'altra storia da raccontar.

»Quando arriva la sera
vado in un altro posto
mi aspettano lì
e devo illuminarli.

»Come vedi non mi riposo
illumino da tutte le parti
e la vita semplifico
non desidero a nessuno rovinarla.

»Il raccolto curo e proteggo
e lo faccio fiorire
e quando arriva il freddo
le riscaldo al meglio.

»Il calore che gli dono
le riscalda poco
ma gli permette di sopravvivere
e di poter fiorire.

»Riscaldo e dono la vita
a tutta l'umanità
e anche se pensi non ci sia via d'uscita
tutto a posto andrà.
AMORE

13. QUANDO IL SOLE

Quando il sole se n'è andato
la sabbia sulla spiaggia
sola è rimasta
e chiede alla gente di andarsene.

Quando smette di far caldo
non si sta più bene
anche se si può passeggiare
non è più lo stesso.

Il pescatore questo lo sa
perché lo dice il mare
che quando il sole se n'è andato
si entra per pescare.

I pesci sono usciti
dalle profondità per cercare
il sole che prima c'era
e adesso non brilla più.

I pesciolini del mare
quando il sole se n'è andato
escono così a cercar
la luce che gli ha donato.

E hanno sentito la sua mancanza
è per questo che fanno l'occhiolino
i pescatori ai pesci
e li prendono in gruppo.

Si appollaiano tra le onde
approfittando dell'occasione
che i pesci innocenti
cercano il sole che se ne andò.

Ed escono al caldo
sulla superficie si sta meglio
perché in fondo è già freddo
e loro amano il calore.

Il pescatore li ha presi
con le sue reti li ha pescati
tra tutti li ha scelti
e prende il migliore.

Il povero pesce là strilla
e nessuno ci fa caso
nella rete le sue squame brillano
si impiglia ad ogni passo.

Ha già il fiato corto
l'umidità si sta seccando
si trova già nella cucina
dell'uomo che lo pescò.

Può appena ascoltar
ma sentì una conversazione
la moglie all'uomo disse:
—Meno male che oggi hai pescato!

»Così possiamo mangiare
ne avevamo bisogno
i nostri figli si lamentano
mamma, avremmo oggi del cibo?

»Alla fine gli dico
che oggi hai pescato
e sarà una gran festa
con il pesce che hai portato.

Il pesciolino ascoltava
e dentro di sé diceva
che a qualcosa serviva
la vita che avrebbe dato.

E così morì felice

sapendo che alla fine

la sua vita era servita

per far festeggiare qualcuno.

AMORE

14. SOTTO AD UNA PALMA

Sotto ad una palma
da molto tempo qui sta
la piantarono per prima
l'altezza lo testimonia già.

Mi siedo tranquilla
da molto tempo aspetto
di potermi sedere qui
e raccontarti ciò che vedo.

Quando sto pensando così
molto basso io sento:
—Se vuoi io te lo dico
credimi ne so molto.

Stupita perché non vedo
nessuno intorno a me
non posso crederci
e guardo con più attenzione.

Sto guardando più lentamente
non è un sogno è realtà
la palma che mi parla
qualcosa desidera raccontarmi.

Prendo carta e penna
che porto sempre con me
per annotare le storie
che qui dopo vi narro.

Mi raccontava delle cose
che oggi vi confiderò
da parte sua ha passato
gran parte della storia già.

Mi metto a scriverlo
per non dimenticarlo
e così posso raccontare
ciò che lei mi ispira.

—Quando era piccola
venne a vederla un bambino
la chiamava bellina
e diceva di amarla molto.

»Una mattina qui
il bambino venne
mi abbracciò, lo sentì
che non voleva perdermi.

»Sarebbe partito poco dopo
egli gli disse
si stava trasferendo
a vivere in una fattoria.

—Che succede? —
al mio amico chiesi-
Egli tra le lacrime disse
—Non potrò più vederti.

»Orfano si era ritrovato
per via di un incidente mortale
in un lampo aveva deviato
la vita a quel giovanotto.

»Una notte di temporale
e di forte vento
un lampo fece cadere un albero
sopra un tetto.

»Era sopra la stanza
che vicino si trovava
c'erano i suoi genitori dentro
e nel letto morivano.

»Il ragazzo li ha trovati
ai due profondamente addormentati
un bacio gli ha dato
ha pianto e non ha urlato.

»Ora doveva andare via
con i suoi nonni andava
veniva a salutarmi
e non lo vidi più.

»Da quel giorno io
sto attenta quando tira vento
che non arrivi un lampo
a spezzare il mio tronco.

»Conosco i danni che provoca
quando viene a sbattere
e il dolore che produce
quando cade in un luogo.

»Non so come mai si comporti
in questo strano modo
quanto dolore porti
senza che gli abbiano fatto nulla.

»Il raggio è infido
questo mi sembra
forte e sicuro
e provoca grande sofferenza.

»È uno sfogo per la rabbia
trattenuta tanto tempo
che ferisce
e si muove con il vento.

»Nel momento giusto
provoca una grande scossa
senza alcun preavviso
si scarica là.

»Ho avuto molta fortuna
il lampo mai mi ha colpita
per questo son grande e forte
e oggi mi trovo ancora qui.

Quanto mi era piaciuto
la palma continuò
e per intrattenermi
un'altra storia mi raccontò.

—Ero già un po' più grande
quando questo accadde
ne seminarono altre vicino
a dove sono io.

»Venivano qui a giocare
molti bambini e alcuni più grandi
si riposavano
ma nessuno mi parlava.

»Una mattina presto
vidi un uomo arrampicarsi
sul mio tronco e in mano
portava un coltello.

»Credo che si chiami potatura
ciò che avrebbe voluto fare
io piuttosto spaventata
gridai, Non mi farò tagliare!

»Egli si guardò intorno stordito
che era accaduto?
successe di sicuro, era strano
sentì come un ronzio.

—Chi è? —egli domandò
colui che parla qui.
Di certo mi aveva sentito
e potevo così dire.

—Sono stata io —gli risposi.
—Dove sei? —egli domandò,
—Ti ho detto di fermarti
che questo non lo voglio io.

"Non può essere!, è molto strano
sembra quasi che sia stato l'albero
è meglio se scendo e mi fermo
non capisco questo è troppo"

Quando era a terra
lo ringrazia di cuore
ed egli che ascoltava
mi disse: —Lo trovi divertente?

»Eppure mi è sembrato
che la palma mi parlò
un'allucinazione è stata
è quello che credo io.

Lo vidi un po' confuso
ma certa che mi abbia sentito
le dissi un po' più forte
—Qui hai compagnia.

»Mi piacerebbe conoscerti
ma non voglio che tu salga
sono così felice di vederti
ti tolgo ogni dubbio.

Lui che voleva potarmi
cominciò di nuovo a salire
io che non volevo arrendermi
mi son mossa e mi son mossa.

Scese lentamente
non voleva cadere
mi disse: —Bene, innanzitutto
raccontami qualcosa e ti crederò.

—Guarda sono una palma.
—Questo lo so continua.
—Sono stata piantata per prima.
—Si lo capisco dalla tua altezza.

»Cerca di sbrigarti
che io devo potarti
è il mio lavoro, ci sarà da ridere
parlare se sarai pedante.

—Bene come ti dicevo
mi trovo qui da molto tempo
quando una foglia non serviva
se la portava via il vento.

»Non salire a potarmi
non voglio che tu mi tagli
mi uscirà il sangue
e tu ruberai i miei germogli.

»Quando si vuole curare
una pianta che si ama
devi solo annaffiarla
e lasciare tutto ciò che viene.

»La potatura che ci fate
ci causa molto dolore
togliete ciò che volete
senza sapere se sia la cosa migliore.

»Che ne pensi se io
prendessi qualcosa di molto affilato
e ti tagliassi un dito
di questi qui davanti?

»O uno dei tuoi piedi?
ne hai due è solo uno
te lo taglio vedrai
che fastidio ti darà?

»È quello che vuoi tu
se ti lascio salire
mi tagli e mi ferisci
ma a te non importa.

L'uomo stava ascoltando
con molta attenzione
perché questo ragionamento
mai aveva fatto.

Da allora e per sempre
la sua attitudine cambiò
curava tutte le piante
ma mai più le potò.

Tutti i giorni presto
con l'acqua le annaffiava
ci passava una mano
e il suo affetto gli dava.

Lasciò che esse crebbero
erano sempre belle
loro ne furono felici
e gli cantavano:

—Giardiniere che non ci tagli
e ci riempi di amore
l'acqua che ci dai
riceviamo volentieri.

»Ci permette di essere fresche
e i colori non tira fuori
cresciamo belle
grazie a quest'acqua.

»Vieni qui tutti i giorni
con ansia ti aspettiamo
quando ti vediamo
tutte insieme cantiamo.

»Arriva il nostro amico
come sempre ad annaffiarci
gli daremo il nostro profumo
così che possa apprezzarlo.

Ti è piaciuto ciò che ti racconto?
Per questo l'ho scritto
ciò accadde in un momento
che ho immortalato qui.

Quando hai un po' di tempo
vai in un giardino e vedrai
le piante come parlano
e ascoltarle potrai.

AMORE

www.ingramcontent.com/pod-product-compliance
Lightning Source LLC
LaVergne TN
LVHW011304210726
843509LV00016B/790